Freundschaften die deine Welt verändern

*Wenn Männer zusammen beten
und zu Freunden werden*

*Dieses Büchlein ist meinen Freunden gewidmet.
Ich danke euch für alles.
Es ist ein Vorrecht, euch zu kennen.*

profi books

Pelle – Freundschaften, die deine Welt verändern
© Verlag profibooks
profimedia (profimusic gmbh)
Via Grügee 7
CH-6874 Castel San Pietro
E-Mail: info@profimedia.ch
Online: www.profimedia.ch

Lektorat: Thais In der Smitten / Sylvia von Waldkirch
Photografie: Andrew Boyer, www.boyerstudios.com,
Huntington Beach – Los Angeles
Fotomodel: Sandro Benz / Samuel Wohlgemuth
Gestaltung: Karin Leutwyler / k-grafik.ch
ISBN 13: 9783909131372

1. Auflage 2015

Bibelzitate sind aus dem Urtext in die deutsche Sprache übertragen worden.

Inhalt

Vorwort	6
Einleitung	8
Hintergrund	10
Die grosse Veränderung	12
Erste Erlebnisse	14
Lass dich herausfordern	16
Nicht mehr aktuell?	18
Gebetsfreundschaften – ein Schlüssel	20
Kakteen-Freundschaften	24
Ein Mann schleift den nächsten	28
Ein Freund werden	36
Tiefe	40
Leidenschaft	48
Comic	50
Auswirkungen	54
Ermutigung	58
Power-Prayer – ein Werkzeug	60

Vorwort

Lieber Leser

Es ist ein großes Vorrecht, mit einem Vorwort zu diesem Buch beitragen zu dürfen.

Ich hätte es mir damals nie vorstellen können, dass aus dem 17-jährigen sympathischen, aber zurückhaltenden und introvertierten Pelle, der als Bibelschüler nach Bad Gandersheim kam, ein so offener und kompromissloser Mann Gottes werden würde, den Gott mittlerweile in vielen Ländern der Welt für seinen Dienst gebraucht. Als Pastor und Leiter der Bibelschule in Bad Gandersheim ist es immer eine Freude, Bereicherung und Ermutigung, Pelle vor der Schülerschaft sprechen zu hören. Was uns jedes Mal beeindruckt, ist die ehrliche und authentische Art, wie er seinen Glauben lebt.

In diesem Buch schreibt Pelle über ein relevantes Thema unserer Zeit. Es ist ein wertvoller Beitrag aus der Praxis für die Praxis. Ich bin mir sicher, dass durch die ehrliche und offene Art, mit der Pelle sein Herz mitteilt, in jedem Leser eine Leidenschaft für Gebet und Freundschaft entfacht werden kann.

Möge der Funke überspringen. Ich kann Pelles Gedanken, Zeugnisse und Erlebnisse in Bezug auf Männerfreundschaften ganz persönlich empfehlen und bestätigen, da ich selbst eine langjährige Männerfreundschaft pflege, deren Fundament das Gebet ist. Möge dieses Buch vielen Männern helfen, die Kraft ihrer Freundschaften in den Bau des Reiches Gottes zu investieren.

Gerry Klein
Bibelschulleiter im Glaubenszentrum
Bad Gandersheim

Einleitung

Dies soll ein ungewöhnlicher und hoffentlich ermutigender Bericht sein zum Thema Männer- und Gebetsfreundschaften. Dies sind Geschichten und Freundschaften, die mich und meine Welt verändert haben und weiterhin verändern. Diese Texte sollen uns Männern helfen, echte Freundschaften und Gebetsfreunschaften mit Männern aufzubauen, zu leben und zu geniessen.

Wir sind nicht für die Einsamkeit, sondern für Gemeinschaft geschaffen. Es ist wichtig, neben der Arbeit, einem Dienst und der Familie, Freundschaften zu pflegen. Uns Männern scheint dies nicht immer leicht zu fallen. Je mehr Aufgaben und Verantwortungen unserem Leben zugefügt werden, umso weiter rückt oft die Wichtigkeit von Freundschaft in den Hintergrund.

Meine Geschichte wird dich herausfordern und wird dir helfen, Freude, Farbe und Sieg in deinem Leben zu kultivieren. Lass dich auf ein Abenteuer ein. Das Werkzeug Power Pray, welches ich auf den letzten Seiten beschreibe, wird dir dabei helfen.

Mein herzlicher Dank gilt besonders auch meinen Freunden Gerry, Sandro G., Stefan, Manuel, Simon, Matthias, Benedikt, Sandro B. und Samuel, welche mit ihren Beiträgen und Fotos ein buntes und lebendiges Büchlein entstehen liessen. Ihr seid SUPER!!! Euch zu kennen ist genial.

Viel Spass beim Lesen!

Pelle

Hintergrund

Bevor ich auf das Thema Beziehungen und Gebetsfreundschaften eingehe, möchte ich dir ein bisschen aus meinem Leben erzählen.

Geboren wurde ich in meinem Heimatort Schaffhausen. Meine Eltern Ralf und Lili bauten ein wunderschönes Haus in der Nähe des Bodensees. Kaltenbach liegt direkt neben dem schmucken Städtchen Stein am Rhein. Die bunten Häuser in Stein am Rhein sind mit kunstvollen Bildern bemalt, Tausende von Blumen schmücken die hervorstehenden Erker. Kinder spielen auf den autofreien Strassen und kleine Cafés schmücken den Rathausplatz. Wenn man sich an den Fluss begibt, durchschreitet man kleine Fischergässlein, welche an das Mittelalter erinnern. Als Kinder sprangen wir, zum Erstaunen der Touristen, von der etwa sieben Meter hohen Rheinbrücke in das erfrischende Wasser.

Mit meinen zwei jüngeren Brüdern Thomas und Beat erlebte ich eine wunderbare Kindheit. Mein Vater arbeitete als Werkstattchef in einer Peugeot-Garage. Er ist eine äusserst liebevolle Person. Er liebt seine drei Jungs von ganzem Herzen. Wenn Papa abends nach getaner Arbeit nach Hause kam, rannten wir ihm schreiend entgegen und umarmten ihn innig. Seine Kleider rochen nach altem Öl und Autos. Diesen Geruch werde ich nie mehr vergessen. Es war Vaters Geruch und ich mochte ihn. Papa liebte Modellflieger, sein Segelboot, Skifahren und mehr noch seine Frau. Irgendwie war es ihm gegeben, alles Mögliche zu reparieren oder selber zu bauen. Sein Hobbyraum ist noch heute mit allerlei Dingen vollgestopft.

Meine Mutter starb leider vor mehreren Jahren mit 57 an Darmkrebs. Sie fehlt uns allen sehr. Sie war eine aussergewöhnliche Frau. Sie liebte Menschen von Herzen. Bei ihr waren alle willkommen. Oft assen ältere Leute aus der Nachbarschaft oder Kinder, deren Eltern über Mittag arbeiten mussten, bei uns zu Mittag. Trotz ihres grossen beruflichen Erfolges nahm sie sich selbst nicht wichtig.

Seit Mama zum Glauben kam, pflegte sie eine innige Beziehung zu Gott, sie war eine Beterin. Ihre Leidenschaft galt auch dem ökologischen Haushalten, sie liess ihr an der Berufsschule und an unzähligen Vorträgen freien Lauf. Manchmal drehte Mama Sendungen für das Schweizer Fernsehen, was für uns Kinder natürlich eine höchst spannende Sache war. Hell beleuchtet stand Mama vor den blinkenden Kameras und versuchte, Herrn und Frau Schweizer das ökologische Waschen, Dekorieren, Reinigen und Kochen beizubringen. Meine Patentante Ella machte beim Tod ihrer Schwester eine treffende Aussage: Sie habe ihre Lebenskerze an beiden Enden zur selben Zeit angezündet und in ihren 57 Jahren mehr bewegt als manch andere.

Mein Elternhaus war voller Leben. Blumen in allen Farben schmückten den grossen Garten. Spätestens nach dem ersten Advent dekorierten unzählige Kerzen das ganze Haus. Als Kinder liebten wir es, den nahen Wald zu durchstreifen, auf Bäume zu klettern, Tarzan zu spielen und auf des Nachbarn Bauernhof zu helfen.

Alles nahm seinen gewohnten Lauf, bis ich im Alter von vierzehn Jahren in ein Snowcamp eingeladen wurde. Nach dieser Woche in den Schweizer Alpen wurde meine innere Welt völlig auf den Kopf gestellt.

Die grosse Veränderung

Schon am ersten Tag dieses Skilagers traf es sich, dass ich zusammen mit Sandro auf dem Sessellift sass. Sandro ist eine auffallend kreative Person, seine Freude ist ansteckend. Seine Begeisterung für Jesus war in jedem zweiten Satz spürbar. Es war, als würde eine unsichtbare Kraft mich nach hinten schieben, aber die Kraft ging nicht von ihm aus. Heute weiss ich, dass von jedem Nachfolger Jesu Ströme lebendigen Wassers fliessen können.

Es war Mittagszeit. Wir verzehrten unser Lunchpaket und sprachen einmal mehr über diesen Gott. Ob er für mich beten dürfe, fragte Sandro mich plötzlich. Ich dachte, er wolle mit mir in eine dieser kleinen, uralten Kapellen gehen, um zu beten. Alles in mir wollte diese Freude und Begeisterung, die mein neues Vorbild in sich trug. Deshalb war meine Antwort ein klares Ja. Was nun folgte, hätte ich mir nicht träumen lassen. Marlene und Sandro gingen mit mir nicht in eine Kapelle, sondern legten mir an Ort und Stelle die Hände auf die Schultern und fingen an zu beten.

Sekunden später war ich wie an einem weit entfernten herrlichen Ort. Ein unendlich tiefer Frieden ergriff mich, Liebe erfüllte mein Inneres. Ich war physisch immer noch in diesem Restaurantgang, innerlich jedoch weit, weit weg. Einerseits hörte ich Leute reden und mit den Skischuhen klappernd an uns vorbeiziehen, andererseits war ich völlig in diese geistliche Welt eingetaucht. Es war, als würde mein Inneres in einer Waschmaschine stecken, die sich ständig dreht. Es war umwerfend schön.

Diese Gottesbegegnung war der Anfang einer abenteuerlichen Reise. Sandro begann auf natürliche Weise, mit mir Jüngerschaft zu machen, was heisst, dass er mein geistlicher Erzieher wurde. Mit ihm habe ich durch Busse mein Leben aufgeräumt, Beten gelernt und auch ein Verständnis für die Bibel bekommen. Nicht nur die Taufe im Rhein, sondern auch das erfüllt werden mit dem Heiligen Geist, waren weitere Meilensteine. Nun möchte ich gerne mein Augenmerk weg von mir, hin auf die in den letzten Jahren erlebten Gebetsfreundschaften lenken. Ein Thema, welches mich völlig begeistert.

Erste Erlebnisse

In der ersten Phase meines Glaubenslebens habe ich jeden zweiten Tag mit meinem geistlichen Vater und Freund Sandro über Mittag telefoniert. Ungefähr einmal in der Woche habe ich ihn zum Reden und Beten getroffen. Sandro ist ein äusserst leidenschaftlicher Beter. Wenn er mit Gott redete, war es, als wäre jede Zelle seines Körpers davon ergriffen. Nichts konnte ihn in solchen Situationen stoppen. Oft waren die Zeiten laut und intensiv. Auf den Knien, herumlaufend, wild gestikulierend bestürmte er mit mir und anderen den Himmel. Manchmal redeten wir mit ganzer Hingabe in neuen Sprachen. Ich glaubte damals, dass alle Nachfolger Jesu so beten oder zumindest jene, die es wirklich ernst meinten.

Von Sandro lernte ich das Beten beim Beten, was heisst, dass ich ihn genau beobachtete und dann dasselbe tat. Ich liebte die Zeiten mit ihm. Die Basis unserer Freundschaft war das gemeinsame Gebet. Als geistlicher Vater vermittelte er mir eine grosse Liebe zu Gottes Wort und der innigen Gemeinschaft mit ihm. Ich bin überzeugt davon, dass wir Beten nur beim Beten lernen. Hätte mich Sandro nicht ständig motiviert, mit ihm

Zeit im Gebet zu verbringen, hätte ich es wohl nicht gelernt. Ist es nicht so, dass Kinder alles ihren Eltern abschauen und versuchen es selbst zu machen? Bei geistlichen Kindern funktioniert es genau gleich. Ich bin Sandro von Herzen dankbar, dass er mir einen Einblick in sein Leben gegeben hat. Von ihm habe ich eins zu eins gelernt, wie man eine Beziehung zu Gott lebt und die himmlische Realität hier auf diese Erde holt. Wie man durch den Sumpf von Entmutigung, Bedrückung und Sorgen wieder zur göttlichen Perspektive findet: Den Realitäten von Gottes Wort mehr Glauben schenkt als seinen eigenen Gefühlen.

Unser sichtbares Umfeld ist nicht die absolute Wahrheit. Schritt für Schritt lernte ich, in diesen himmlischen Dimensionen zu leben.

Es war an einem herrlichen Sommertag. Gleissend brannte die Sonne auf den Asphalt, der die Wärme nicht mehr schlucken konnte und unbarmherzig an uns weiterleitete. Unsere Einkäufe in Winterthur waren getan. In Stein am Rhein angekommen, machten wir noch einen Abstecher in unseren damaligen Jugendraum, der sich im Estrich der Chrischonakapelle befand. Auf den Sofas sitzend, suchten wir die Gemeinschaft des himmlischen Vaters. Zuerst war es nur ein Aussprechen der Wahrheiten über ihn, wer er ist, was er getan hat und ein Bekennen, wie sehr er uns liebt. Doch die Worte erhielten immer mehr Inhalt und manifestierten sich in meinen Gedanken, meinem Herzen, meinem Gefühl und meinem ganzen Sein. Es war, als würden wir den himmlischen Vater immer klarer vor Augen sehen. Es war sogar so, als würde mich Gott der Vater richtig umarmen, für mich eine unvergessliche Offenbarung. Sie ging so tief, dass ich ihn für die nächsten Tage nicht mehr mit Herr oder Gott, sondern nur noch Papi oder eben Vater ansprechen konnte. Alles andere schien zu unpersönlich.

Auf dem Nachhauseweg umgab mich noch immer diese intensive Gottesnähe. Ein ganz kindlicher Gedanken kreiste in meinem Kopf. Ich überlegte mir, wenn Gott mein Vater ist, macht er mir doch gerne Geschenke wie es Väter tun. Von Haus aus durfte ich kein Mofa kaufen, ich durfte nicht einmal dafür arbeiten und doch hätte ich furchtbar gerne ein solches Gefährt mein eigen genannt. Ich hob meinen Kopf und sagte: «Papi, schenke mir doch ein Töffli (Moped), ich hätte gerne eines!» Was dann geschah, übertraf alle meine Vorstellungen. Mein himmlischer Papi liess nicht lange auf sich warten und schenkte mir durch Freunde sogar zwei dieser fahrbaren Untersätze. Ich war überwältigt. Wir dürfen IHM wirklich vertrauen, er gibt uns alles, was wir brauchen. Seither habe ich noch zahlreiche weitere solche Erlebnisse gehabt. Die zwei Mofas waren nur der Anfang.

Ich litt zum Beispiel an einer Sonnenallergie, die bei starker Sonneneinstrahlung rote Punkte auf meiner Haut verursachten, die grauenhaft juckten, zu Pickeln wurden, sich mit Flüssigkeit füllten und aufplatzten, schliesslich bildete sich eine braune Kruste. Ekelhaft, alleine schon vom Zuhören. In den Skiferien musste ich eine spezielle Mütze tragen, die nur zwei Öffnungen für die Augen hatte. An einem der Treffen beteten wir für Heilung und ich war geheilt. Ich habe seither nie mehr eine allergische Reaktion gehabt. Das geschah auch mit anderen Krankheiten.

Lass dich herausfordern

Nach der offiziellen Schulzeit bin ich für drei Jahre nach Deutschland gezogen. Am Rande des herrlichen Harzgebietes habe ich die Bibelschule in Bad Gandersheim besucht. Dies hat mein Leben ein weiteres Mal auf den Kopf gestellt. Von meiner Persönlichkeit her war ich damals sehr zurückhaltend und introvertiert. In einer Gruppe und mit jemand Fremden zu beten, löste bei mir nicht geringe Hitzewallungen aus. Bewusst habe ich mich in eine Gebetsgruppe eingeteilt, von der ich wusste, dass jeder beten muss. Die ersten Monate war es ein riesiger Kampf in dieser kleinen Gruppe, vor all diesen geistlichen Leuten zu beten. Im gleichen Schuljahr wie ich war auch ein gereifter und weiser Mann, der mich immer wieder ermutigte und mir viele Dinge beibrachte. Gerry Klein war es auch, welcher mir mit einer gesunden Strenge zu einem nicht geringen Durchbruch, sowohl in meiner Persönlichkeitsfindung, als auch in meinem Gebetsleben verhalf. Jeweils einmal in der Woche hatten wir eine Gebetszeit als ganze Klasse. Bei diesen Treffen, musste man sich gegen 70 hingegebene Beter durchsetzen. Es gab keine langen ruhigen Phasen zwischen den Gebeten, in denen man gemütlich einsetzen konnte. Wer beten wollte, musste dies laut, bestimmt und mit ganzem Gewicht tun. Dies war genau das Gegenteil von meiner damals noch sehr unerlösten Persönlichkeit. Gerry liess nicht locker, ich hatte zu beten. Mit der Zeit gelang dies immer besser, ein weiterer Sieg war errungen. Die letzte grosse Hürde bestand darin, vor der ganzen Schule mit allen Leitern über das Mikrofon zu Gott zu reden. Trotz grosser Nervosität und Schweissausbrüchen gelang auch dies. Ich bin Gerry heute von ganzem Herzen dankbar, hat er mich damals mit Ausdauer und Hartnäckigkeit in die Freiheit gestossen. Menschenfurcht ist gestorben, Christus in mir hat zugenommen und echte Freiheit hat sich in meinem Leben ausgebreitet. Gott hat in den drei Schuljahren in Bad Gandersheim aus einem scheuen Jungen einen entschlossenen und lebendigen Mann gemacht. Förderer in unserem Leben sind wichtig. Lass es zu, dass dich jemand anstupst und zu unbequemen Dingen auffordert. Einen geistlichen Vater oder Mentor zu haben, ist ein Vorrecht. Ich halte meine Förderer in Ehren. Eventuell ist es auch an der Zeit, dass du einen Schritt wagst, dein Leben für jemand anderen öffnest und du zu einem Mentor oder geistlichen Vater wirst.

Gerry Klein
lebt mit seiner Frau in Bad Gandersheim und ist Leiter der Bibelschule des Glaubenszentrums Bad Gandersheim. Gerry ist für mich eine ständige Ermutigung. Seine Glaubensfrische und Hingabe sind mir ein grosses Vorbild.

Nicht mehr aktuell?

Leider ist das Gebet in der heutigen Zeit in vielen Kreisen kaum mehr aktuell. Vielleicht weil es oft unspektakulär ist? Oder weil es ein gewisses Mass an Disziplin verlangt? Die Schätze, welche wir durch ein regelmässiges Gebetsleben gewinnen, sind gewaltig. Daher bin ich überzeugt, dass gerade auch junge Leute, wenn sie in ein regelmässiges Gebetsleben hineinfinden, dieses nicht mehr missen möchten.

Immer wieder habe ich besonders ältere Personen kennen gelernt, die ihre Stimme treu und unspektakulär zu Gott erheben, Personen, die ohne dass es jemand wusste, Verwandte, Kinder, Schulen, Politiker, Kirchen usw. segneten. Ich bin mir sicher, dass sie für diesen Dienst vor Gott einmal eine ganz grosse Belohnung erhalten werden. Verborgen in ihren Stuben und Schlafgemächern sammeln Beter echte Schätze, die nicht von Motten und Läusen zerstört werden können, Schätze, an welchen sie sich eine Ewigkeit erfreuen werden. Ich erhoffe mir aber auch in jüngeren Generationen einen neuen Gebetseifer. Es braucht Disziplin, um regelmässig zu beten und genau dafür sind Gebetsfreundschaften ein echter Segen. Sie helfen dir dein Gebetsleben aufzubauen. Meistens fordern mich mein Business und meine Trainingsaufgaben wirklich heraus. Abends verspüre ich nicht die geringste Lust darauf, noch eine Runde zu beten. Viel lieber würde ich etwas Leckeres kochen, einen Film schauen oder sonst etwas Angenehmes unternehmen, aber nicht beten. Meine Gebetsfreundschaft zwingt mich in solchen Situationen definitiv zu Besserem. Im Nachhinein bin ich wirklich jedes Mal dankbar dafür, dass wir es wieder einmal durchgezogen haben.

Gebetsfreundschaften
ein Schlüssel

Die Gebetsfreundschaft mit Sandro, meinem Freund und geistlichen Vater, dauerte fast zehn Jahre. Woche für Woche trafen wir uns. Manchmal gesellte sich Sandros Frau oder sein Schwager dazu. Mir waren diese Zeiten heilig. Termine wurden verschoben oder abgesagt.

Die Gebetstreffen mit Sandro hatten im Gegensatz zu anderen Gebetsfreundschaften keine feste Struktur. Wir beteten einfach drauf los. Wenn wir nicht weiter wussten, half uns der Heilige Geist mit dem Sprachengebet. Nicht selten waren uns Freunde, die Jesus nicht kannten, ein inniges Anliegen. Manchmal haben wir für unser Städtchen oder für irgendwelche Länder im wahrsten Sinne des Wortes gerungen. Auch die Gemeinde, Politiker, Freunde, Familien wurden gesegnet.

Nach meiner Zeit an der Bibelschule in Deutschland wurden meine Gebetsfreundschaften erst recht wichtig. Nun waren Sandro, seine Frau und ich nicht mehr in diesem Gewächshaus Got-tes, wo uns jeden Tag die ganzen himmlischen Reichtümer auf einem Silbertablett serviert worden waren. Gandersheim war eine einzigartige geniale Zeit gewesen. Nun stellte sich jedoch die Frage, würden wir das Gelernte im Alltag umsetzen können?

Als ein Schlüssel für die Umsetzung erwiesen sich die wöchentlichen Gebetsabende. Meist trafen Sandro, sein Schwager Adrian und ich uns am Dienstagabend im Keller des Restaurants, in welchem ich damals arbeitete. Mit Gitarre, Babygitarre und einem simplen Rhythmusinstrument ausgerüstet, marschierten wir singend mit den vier Akkorden, die ich auf der Gitarre spielen konnte, durch den Raum.

Oft war es mehr ein Ausrufen und Proklamieren von Bibelstellen als wohlgefälliger Gesang. Es ging fast immer laut und wild zu. Wir sangen, tanzten und proklamierten, bis wir im Himmel waren. Danach beteten wir für alles Mögliche. Ich kann es nur mit Mühe beschreiben,

Sandro
lebt mit seiner Familie im Zürcher Weinland.
Als sehr erfolgreicher Art-Director hat er
bei vielen grossen Anlässen seine Finger im Spiel.
webseite: gaido.design

Sandro hat ein riesiges Herz für Menschen
und Gott.

was in mir jeweils vorging. Es war, als würde ich im geistlichen Raum regieren, als könnte ich die ganze Welt verändern, als wäre kein Problem zu gross. Man spricht und es wird, befiehlt und es geschieht. Legt Hände auf und Menschen geht es besser. Situationen verändern sich wirklich und was nicht da war, ist auf einmal da. In allem bin ich mir sehr bewusst, dass Gott Gott ist und nicht ich. Er tut und lässt, wie er es will, egal wie eifrig wir beten. Und trotzdem bin ich der festen Überzeugung, dass unsere im Glauben gesprochenen Gebete Gott zum Handeln bringen. Dinge können sich in dieser Welt manifestieren, welche sonst unabgeholt bei Gott bleiben würden. Wie oft konnte ich schon Tage später konkrete Veränderungen feststellen. Manchmal dauerte es auch Jahre oder ich warte und bete noch heute. Gott ist eben Gott und ich bin nur ein Mensch.

Es gab eine Zeit, da trafen wir uns in einem Keller in Schaffhausen und da geschah eines Tages etwas Aussergewöhnliches. Ich spielte meine vier Akkorde auf der Minigitarre. Wir priesen Gott, tanzten, jubelten, proklamierten bis der Himmel offen stand und wir ganz von Jesus ergriffen waren. Wir interessierten uns nur noch für Gott, ihn wollten wir erkennen, in ihm gefunden werden, ihn preisen und lieben. Seine Gegenwart wurde schnell stärker, auf jeden Fall gefühlsmässig. Bald gaben die Knie nach und wir lagen anbetend vor ihm. Sein Feuer brannte in uns immer stärker, bald so stark, dass wir

Gott bitten mussten aufzuhören. Dieses heilige, verzehrende Feuer wurde derart heftig, dass ich wirklich glaubte zu verbrennen. «Unser Gott ist ein verzehrendes Feuer», was mir mit einem Schlag klar wurde. Jeder sollte Bekanntschaft mit dem Feuer Gottes und seiner Kraft machen. Er ist der liebende Vater, aber auch der kraftvolle, verzehrende Gott, der nicht mit sich spielen lässt. Es gibt niemanden, der konsequenter ist als er, niemanden. Zum Glück werden wir in der Ewigkeit einen neuen Körper bekommen, der nicht mehr sterblich und anfällig ist, wie unser irdischer Körper wegen des Sündenfalls.

Es ist herrlich, mit Gott zusammen zu sein. Jede Woche lernten wir wieder eine neue Dimension von Gott kennen. Erfrischt, glücklich und neu mit Gottes Liebe gefüllt, nahmen wir jeweils unseren Heimweg unter die Füsse. Die regelmässigen Gebetszeiten mit meinen Gebetsfreunden tragen einen wesentlichen Teil zu meiner geistlichen Fitness bei. Ich schaue nun auf mehr als zwanzig Jahre zurück, in denen ich diese Gebetsfreundschaften gelebt habe. Natürlich ist da auch noch das Wort Gottes und die persönliche Zeit mit Gott. Immer wieder stelle ich fest, dass meine Gebetsfreunde, ohne es zu wissen, mich herausfordern, ganz mit Gott zu leben. Von Sandro lernte ich, mit ganzem Herzen, all meinen Emotionen und meiner Hingabe laut und ergriffen zu beten. Ich werde ihm dafür noch lange dankbar sein.

Design von Sandro

Kakteen-Freundschaften

Kakteen sind Pflanzen, die keine ständige Bewässerung nötig haben und trotzdem grünen und blühen, da sie mit einem ausgezeichneten Wasserspeichersystem ausgestattet sind.

Während der Semesterferien arbeitete ich jeweils auf der Rhein- und Bodenseeschifffart, um Geld für ein nächstes Bibelschuljahr zu verdienen. Es waren lange Arbeitstage. Meistens wurde zwischen 10 und 12 Stunden am Tag geschuftet. Diese Arbeit raubte mir, je nachdem welcher Kurs gefahren wurde, jegliche Kraft. Die Spätsommerabende auf dem Schiff waren traumhaft schön. Im Abendrot lagen die bewaldeten Hügel und malerischen Burgen am unteren Teil des Bodensees. Auf unserem letzten Wegstück, kurz vor Konstanz, sassen wir manchmal auf Deck und genossen den ruhig dahinfliessenden See-Rhein. Friedlich schwankende Schilffelder zierten das Ufer. Ruhig zog unser Schiff an den Villen und Fischerdörfchen vorbei. Die langsam untergehende Sonne vergoldete alles.

Es war während der Semesterferien, als mir die Idee kam, mit Manuel zu beten. Eines Abends, nach unserem Jugendtreff-Bunker, sprach ich ihn darauf an. Manuel war genau wie ich von dieser Idee begeistert. Von da an trafen wir uns, wann immer einer von uns im Lande war, um zu reden und viel zu beten. Manuel hatte einen unheimlichen Hunger nach Gott. Jeden Morgen stand er in aller Herrgottsfrühe auf, um stundenlang Gemeinschaft mit seinem Freund Jesus zu haben und Gottes Wort zu verschlingen. Manchmal predigte er in unserer Jugendarbeit, in dessen Leitungsteam ich damals war. Wir konnten für Stunden seinen spannenden Lehrpredigten zuhören. Er kam locker auf 90-minütige Predigten. Manuel ist für mich einer der begabtesten Lehrer, die ich kenne. Er kann selbst noch so komplizierte Themen in eine schlichte und einfache Form packen. Als wir das erste Mal zusammen beteten, verbanden sich unsere Herzen und eine bis heute andauernde Freundschaft entstand. Oft beteten wir voller Leidenschaft für die junge Generation: Radikal, entschlossen und unserem genialen Gott hingegeben sollte sie werden, nicht den Gütern dieser Welt nachtrachtend, nein, sondern eine Generation, die Jesus ganz an erste Stelle setzt. Wir rangen zusammen, laut und leidenschaftlich. Wir träumten und beteten zusammen für eine Ausbildungs-

stätte für Jugendliche, an der sie das Wort Gottes lieben und schätzen lernen, an der sie für ihr kommendes Leben das nötige geistliche Rüstzeug erhielten.

Interessanterweise ist Manuel heute ICF-Pastor in einer für Schweizer Verhältnisse grossen Gemeinde mit vielen Jugendlichen. Auch lehrt er am ICF-College das Wort Gottes. Ich bilde mittlerweile ebenfalls junge Leute für die Gemeindegründung aus. Gott hat unsere Gebete wirklich erhört. Für mich sind diese Gebetszeiten mit Manuel das Geheimnis, weshalb wir auch heute noch eine tiefe Freundschaft pflegen können, obwohl wir oft Hunderte von Kilometern auseinander wohnen. Manchmal trafen wir uns über Monate nicht, weil sein Studium oder mein Dienst es nicht erlaubten. Doch wenn immer wir uns treffen, ist das Vertrauen sofort wieder da. Aus diesem Grund nenne ich die Freundschaft mit ihm eine Kakteen-Freundschaft. Immergrün trotz seltener Bewässerung.

Die Gebetsfreundschaft mit Manuel war nur für kurze Zeit regelmässig. Danach war sie nur noch punktuell. Der Inhalt war nicht strukturlos wie mit Sandro, sondern galt der jungen Generation. Ich bin überzeugt, dass das gemeinsame Beten Herzensverbindungen hervorbringt, die uns bis ans Lebensende bereichern. Ich merke immer mehr, wie wichtig es ist, Menschen um sich zu haben, denen man wirklich vertraut und die einem auch auf die Füsse treten können. Freunde, welche dich nicht nur in den Himmel loben, sondern dir auch mal unverblümt die Wahrheit direkt ins Gesicht sagen. Manuel ist jemand, mit dem man das Herz teilen kann und eine ehrliche Antwort erhält.

***Manuel** hat zwei Kinder und lebt mit seiner Familie in Basel. Er ist wohl einer der besten Prediger, den wir in der Schweiz haben. Neben seinem Beruf als Senior-Pastor doktoriert er an der Basler Universität in Theologie. Mit Manuel bis tief in die Nacht hinein zu reden ist Genuss pur.*

Ein Mann schleift den nächsten

«Eisen schärft Eisen; ebenso schärft ein Mann den anderen.»

Sprüche 27, 17

Viel beschäftigte Menschen, gerade auch geistliche Leiter, kennen zwar viele Leute, haben aber keine echten Freunde. Innerlich sind sie vereinsamt. Meine Erfahrung ist, dass aus Gebetsfreundschaften echte, bereichernde Freundschaften entstehen können. Auch ich kannte eine Zeit der Einsamkeit.

Im Alter von ungefähr dreiundzwanzig Jahren wohnte ich in der kleinen Stadt Schaffhausen. Sie liegt am Rhein unweit des grössten Wasserfalls Europas, dem Rheinfall. Die Hälfte meiner Arbeitskraft gehörte der Jugendarbeit «Bunker». Als diese aufgelöst wurde, starteten wir das PGS (Progressiv), eine weitere Jugendarbeit. Die kleine Gruppe von Leuten wuchs schnell an. Als Leitungsteam hatten wir alle Hände voll zu tun. Hinzu kamen für mich auch immer mehr Predigteinsätze in anderen Jugendgottesdiensten.

Auch trafen wir die jungen Leute eins zu eins, um sie jüngerschaftlich zu begleiten. Mehrmals im Jahr veranstalteten wir eine Art Lobpreiskonzert in einer der örtlichen Discos mitten in der Altstadt.

Es war eine hoch spannende und sehr aktive Zeit. Meistens waren alle meine Abende völlig ausgebucht. Mit Sandro traf ich mich nun kaum noch, was jedoch mehr an mir als an ihm lag. Manuel war unterdessen in Bad Gandersheim. Eigentlich ging es mir gut, innerlich jedoch vereinsamte ich immer mehr.

Es war in dieser Zeit, da der Kontakt zu jemandem intensiviert wurde, den ich schon aus meinem Heimatort kannte. Stefan wurde über die Jahre einer meiner Freunde. Er ist ein aufrichtiger und äusserst kreativer Mensch. Er besitzt einen ausgezeichneten und scharfen Verstand. Wenn wir heute zusammen reden, ist er es, der mich am schärfsten hinterfragt oder meine Vorstellungen korrigiert. Ihm habe ich in meinem

Leben viel zu verdanken. Er schärfte mein Denken oft auf ungemütliche Weise und spornte mich an, tiefer in Gottes Wort zu graben.

Wir kamen auf die glorreiche Idee, mit dem Auto nach Prag zu fahren, um Urlaub zu machen. Damals waren wir weder Gebetsfreunde noch Freunde, was sich jedoch im Laufe der Zeit mehr und mehr änderte. Beide pflegen wir heute noch eine grosse Leidenschaft für schöne Autos. So beurteilten wir auf unserer Pragreise alle möglichen Flitzer, die um uns herumschwirrten. Wir schliefen im Kombi.

Nachdem wir die markanten Brücken und die mittelalterliche Burg der tschechischen Hauptstadt gesehen hatten, landeten wir in Wolfsburg. Wegen des starken Regens nächtigten wir dort in der Jugendherberge. Was an diesem Abend geschah, gab meinem Leben eine völlig neue Ausrichtung: Gott führte mich zu einer Entscheidung, welche mich bis heute beeinflusst. Alles fing mit einem harmlosen Gespräch an. Wie Stefan es so an sich hat, fragte er mir Löcher in den Bauch und liess nicht locker, bis er in die Tiefen vorstiess. Wir redeten über das Thema Freundschaften. Der Austausch wurde immer vertrau-

licher. Stefan bohrte immer weiter. Auf einmal brach die Selbsterkenntnis meiner Einsamkeit wie ein Sturzbach aus mir heraus. Ich konnte nur noch weinen und weinen. Was ich mir nicht hatte eingestehen wollen, lag nun klar vor mir. Vor lauter Geschäftigkeit für Gottes Reich war ich vereinsamt. Nach aussen sah es so aus, als würde ich die halbe Welt kennen. In vielen Gesprächen verrieten mir Personen ihre tiefsten Nöte und schwersten Sünden, welche wir dann zusammen ans Kreuz brachten. Aber wer kannte meine Ängste und Sorgen? Wer war mein Freund? Wer war an mir interessiert? Bei wem war ich nicht der geistige Leiter oder ein Vorbild, sondern einfach nur Pelle?

Ich danke Gott noch heute, dass Stefan damals unbeirrt weiter gebohrt hat. Damals traf ich die folgenreiche Entscheidung, Freundschaften in meiner Prioritätenliste ganz vorne einen Platz einzuräumen. Arbeit und Dienst dürfen mir diesen Bereich nicht mehr streitig machen. Um Freundschaften aufzubauen und zu pflegen, braucht es viel Zeit und diese musste ich mir ganz bewusst in meinen nach wie vor vollen Terminkalender einplanen. Das habe ich nun über Jahre eisern durchgezogen. Oft war das gar nicht so einfach. Und gerade für uns pflichtbewusste Schweizer scheint es manchmal nicht sehr viel Sinn zu machen, den Abend einfach nur mit einem Freund zu verbringen. Wie viel effizienter könnte diese Zeit doch genutzt werden. Die TO-DO-Liste wird durch die mit Freunden geführten Gespräche ja auch nicht kürzer. Ich merke immer wieder, dass unsere Mentalität enorm auf Leistung getrimmt ist. Nur Leistungen, welche messbar sind, scheinen einen Wert zu haben. Der Wert von Freundschaft ist nicht messbar und doch sind Freunde, besonders in Krisenzeiten, von unvorstellbar grossem Wert.

Ich habe gemerkt, dass Gebet, Freunschaft und Arbeit unter einen Hut passen. Gegenwärtig könnte ich problemlos zu hundert Prozent ausschliesslich geistliche Aufgaben wahrnehmen, was ich jedoch bewusst nicht tue. Zu oft habe ich beobachtet, wie Personen, welche nur noch in christlichen Kreisen tätig sind, weltfremd werden und die Herausforderungen, mit denen die normalen Bürger konfrontiert sind, nicht verstehen.

Irgendwie ist diese komische Überzeugung in unseren christlichen Kreisen aufgekommen, dass ein geistlicher Job höher zu achten sei, als ein weltlicher. Wenn ich mich als Pastor oder Evangelist vorstelle, ernte ich mehr Bewunderung, als wenn ich mich als Projektleiter ausgebe. Ist es nicht so, dass wir unseren Vorbildern nacheifern, ob wir das wahrhaben wollen oder nicht? Ein befreundetes Ehepaar, welches unter schwierigen Umständen in Rumänien arbeitet, beobachtete folgendes Phänomen: Vielen der zu Jesus geführten Personen ist es kein grosses Anliegen mehr, ihre Arbeit gut und recht auszuführen oder welche zu finden, sondern sie möchten, genau wie ihre Vorbilder, von derselben Missionsgesellschaft angestellt werden. Der Stellenwert als Missionar scheint ihnen höher als der eines Menschen, der einfach treu und ehrlich seinen Job macht. Was wir vorleben, wird genau beobachtet und kopiert. Was du lebst, werden deine «Jünger» auch leben, auch die negativen Seiten. Das ist der Grund, warum ich auch im Arbeitsalltag eingebunden sein möchte. Was ich vorlebe, auch geistlich, soll alltagstauglich und einfach multiplizierbar sein. Mein Leben soll von einem Grossteil unserer Bevölkerung nachempfunden werden können. Wir brauchen in unserem Land nicht in erster Linie geistliche Spezialisten, sondern ein Heer von Nachfolgern Jesu, welche gelernt haben, siegreich in allen Facetten des Lebens zu stehen. Ein solches Leben wirst du an keiner Konferenz und durch keine Predigt lernen!

Ich selbst habe anhand von Vorbildern am meisten darüber gelernt, wie ich mein Leben erfolgreich meistern kann. Nicht zuletzt durch Freundschaften! Wenn ich gelernt habe, trotz höchst kontrollierter und geistlich bedrückter Atmosphäre am Arbeitsplatz geistlich die Oberhand zu behalten, kann ich das auch weitergeben. Das sind für mich Lektionen, welche das Volk Gottes heute lernen muss. Viele haben schon aufgegeben und machen einfach nur noch ihre Arbeit, weil sie niemand angeleitet hat. Der Reichtum, die Weisheit, das Abenteuer, welche uns durch Jesus zu Verfügung stehen, sind enorm. Aber wie zapfe ich es unter den mir am Arbeitsplatz gegebenen Umständen an? Lerne es von denen, die es vorleben. Das Tragische ist, dass echte Vorbilder gerade in diesem Bereich nur dünn gesät sind. Darum fange an, was du schon hast, auch wenn es nur wenig ist, an andere weiterzugeben. Gerade wenn du schon etwas älter bist, gib deinen Reichtum an Jüngere weiter. Denke nicht, «ich bin doch nur ein Arbeiter». Ich bin sicher, dass Gott dich schon durch einige Lektionen geführt hat. Diese darfst und sollst du weitergeben.

Vieles habe ich auch durch meine gelebten Freundschaften gelernt. Von jedem habe ich etwas anderes bekommen. Freundschaften sind gerade für uns Männer ein Schlüssel im Leben, sich gegenseitig zu schärfen und zu schleifen.

«Eisen schärft Eisen; ebenso schärft ein Mann den anderen.»

Sprüche 27, 17

Nun kommen wir wieder zu der Freundschaft mit Stefan zurück. An dieser Stelle möchte ich euch offen und ehrlich in einen meiner tiefschürfenden Schleifprozesse einweihen. Es geht dabei um ein Problem, mit dem die meisten von uns Männern zu kämpfen haben, - Rivalität. Es fing alles ganz harmlos an. An einem Treffen lernte ich Fluri Bärtsch kennen, der als Gemeindegründer in Luzern arbeitet. Seiner Einladung folgend entschied ich mich später, nach Luzern zu ziehen. Nach meinem Aufnahmegespräch wusste ich sofort, dass die Gemeindegründungs- und Jüngerschaftsbewegung genau das Richtige

Stefan

ist Lehrer und Erziehungswissenschaftler. Sein Herz schlägt unaufhörlich für ein reformiertes Bildungs- wesen. Stefan liebt tiefe und ehrliche Gespräche. Zusammen organisieren wir seit Jahren regelmässig «Ess-Reden-Wein-Männer-Abende». Hier seht ihr Stefan mit seinem ältesten Sohn.

für meinen Freund Stefan wäre. Noch am selben Abend fuhr ich zu ihm nach Altstätten und erzählte ihm voller Begeisterung von der Gemeindegründungsarbeit. Stefan zog tatsächlich kurze Zeit danach nach Luzern. Da ich noch einen längeren Auslandsaufenthalt geplant hatte, kam ich erst etwa ein Jahr nach ihm in diese herrliche Stadt, welche direkt am Fuss der grandiosen Alpen liegt. Dort angekommen, wurde mir Stefan neben Philippe Schlatter als Mentor zugeteilt. Ich verstand die Welt nicht mehr. Ich hatte Stefan nach Luzern gebracht. Warum sollte er nun mein Mentor werden? Er, der jünger ist als ich und gar nicht meinem geistlichen Level entsprach. Derart töricht war mein Denken. Heute schäme ich mich für diese Gedanken. Alles in mir rebellierte gegen ihn. Mit aller Kraft, natürlich nur verdeckt, versuchte ich besser zu sein als er. Es war enorm anstrengend. Zu allem Übel teilten wir auch noch das gleiche Zimmer. Es war furchtbar. Stefan, den ich wirklich schätzte, auf dem ich eine grosse Salbung sah und mit dem ich schon manche geniale Stunde verbracht hatte, wurde zu meinem Erzrivalen. Nach aussen hin versuchte ich, mir nichts anmerken zu lassen. In meinem Innern jedoch brodelte es nur

so. Ich mied ihn, wo ich nur konnte. Hinzu kam, dass mein anderer Mentor, Philippe Schlatter, mein Verhalten unverblümt spiegelte. Natürlich kam ich nicht auf die Idee, die Fehler bei mir zu suchen. Nein, alle anderen hatten ein Problem, nur ich nicht. Meine Probleme projizierte ich einfach auf andere. Das geschieht übrigens öfter als wir meinen.

Der Kampf in mir tobte dermassen heftig, dass ich drauf und dran war, davonzulaufen und Luzern zu verlassen. Dass wäre jedoch der grösste Fehler gewesen. Gott wusste genau, was er mit mir vorhatte. Tief in mir hatte ich diese ungöttliche Überzeugung, dass wenn es hart auf hart kommt, mir niemand in mein Leben hinein reden darf. Das war mein Problem. Diese Sturheit, dieser Drang nach Unabhängigkeit und die Rebellion wollte mein himmlischer Vater entfernen. Doch statt zu kapitulieren und Busse zu tun, sann ich darauf, zu fliehen und Luzern zu verlassen. Es war Stefan, mein Erzrivale, den Gott auswählte, um mir mein Problem vor Augen zu führen. Das war demütigend, aber genau das brauchte ich. Ein Gespräch mit ihm entlarvte diese todbringende Wurzel der Rebellion in mir. Ich tat Busse vor Gott, Stefan und Philippe. Nun war ich frei, wirklich frei. Zu meinem Erstaunen wurde ich nicht zerbrochen, sondern stärker als vorher. Nun konnte ich all die herrlichen Schätze, welche Gott mir durch Stefan und andere geben wollte, erst richtig annehmen. Aus einem Rivalen wurde ein echter Freund, auf den ich zählen kann. Eine Bereicherung, welche ich nicht mehr missen möchte. Ein Vertrauter, mit dem ich zehntausend in die Flucht schlagen könnte. Auch diese Freundschaft braucht Zeitfenster, welche ich mir freischaufeln muss, damit sie am Leben bleibt. Nimm dir Zeit für deine Freunde, es ist gut investierte Zeit. Jesus hat es uns vorgelebt.

> *«Ich nenne euch nicht mehr Knechte,*
> *denn der Knecht weiß nicht, was sein Herr tut;*
> *euch aber habe ich Freunde genannt,*
> *weil ich euch alles verkündet habe,*
> *was ich von meinem Vater gehört habe.»*
>
> Johannes 15, 15

Dein Beziehungsnetz soll nicht nur aus Geschäftspartnern und Dienstbegleitern, sondern auch aus Freunden bestehen. Das Reich Gottes ist auf Beziehungen aufgebaut: Vater-Sohn, Familie, Freundschaften.

Die Freundschaft mit Stefan hat den Schwerpunkt der Rechenschaft, des Herzteilens, aber auch des Gebetes. Bei Essen und Wein bereden wir so manches Thema. Bei meinen neuen Erkenntnissen bitte ich ihn oft um ein Feedback. Auch in deinem Leben kann dein Erzrivale zu einem geschätzten Freund werden.

Stefan ist ein brillanter Denker. Seine Leidenschaft gilt dem Schulwesen, am liebsten würde er es sofort von Grund auf reformieren. Um seinem Ziel etwas näher zu kommen, studiert er nun Erziehungswissenschaften. Auf der anderen Seite schlägt sein Herz auch für neue Formen der Gemeindegründung. Seine Frau Beatrice und er sind für unsere apostolischen Teams der Jüngschafts- und Gemeindegründungsbewegung in der Zentralschweiz eine riesige Bereicherung.

Im nächsten Kapitel teilt Stefan seine Erkenntnisse aus dem wunderbaren Wort Gottes bezüglich Freundschaft. Es ist herausfordernd, erfrischend und wie immer logisch hergeführt.

Ein Freund werden

Freunde sollen da sein, wenn man sie braucht. Sie sollen ein offenes Ohr haben, Geheimnisse bewahren, aber auch Fehler offen ansprechen können. Dies sind einer Umfrage zufolge die vier wichtigsten Eigenschaften eines besten Freundes. Mit anderen Worten könnte man auch sagen: Freunde sind freundlich. In ‹freundlich› steckt das Wort ‹Freund› drin. Wer sich also ‹freund-lich› verhält, handelt wie ein Freund.

Daraus lässt sich folgern, dass erst die Handlung, das konkrete Tun, einen Menschen für einen anderen zum Freund werden lässt. Sprich: Wer ein offenes Ohr beweist, Geheimnisse bewahrt oder Fehler anspricht, erweist sich als Freund. Im Gegensatz zu Vätern, Müttern oder Geschwistern sind freundschaftliche Beziehungen nicht schöpfungsgemäss gegeben. Man wird nicht als Freund geboren. Durch die Geburt werden einem auch keine Freunde zugeteilt. Sondern wer ‹freund-schaftlich› handelt, qualifiziert sich als Freund, stellt seine ‹Freund-lichkeit› unter Beweis. Freund zu werden, zu sein und zu bleiben, bedarf also konkreter, ‹freundschaft-licher› Handlungsweisen.

Gott bezeichnet in der Bibel nur einen Menschen namentlich als seinen Freund. Diese Ehre kam Abraham zuteil (vgl. 2. Chr. 20, 7; Jes. 41, 8). Jakobus erklärt uns, wie es dazu kam: Weil Abraham Gott mehr glaubte als allem anderen, wurde er Freund Gottes genannt (vgl. Jak. 2,23). Er glaubte Gott, dass er ihm in seinem hohen Alter eine Nachkommenschaft erwecken werde. Er glaubte Gott, dass er ihm und seinen Nachkommen das Land geben wolle. Er glaubte Gott, dass er Isaak wieder von den Toten zurückholen könnte. Abraham enthielt Gott nichts vor, sondern war ihm in allem gehorsam. So erlangte er die Freundschaft mit Gott. Dies machte es möglich, dass Gott Abraham in sein Vertrauen zog und seine Gedanken nicht vor ihm verbarg (vgl. 1. Mo. 18, 17 ff.). Auch wir können durch Gehorsam Gottes Freunde werden.

«Ihr seid meine Freunde, wenn ihr tut, was ich euch gebiete»

Johannes 15,14

Indem wir Gott wie Abraham gehorsam sind, zeigen wir unsere Liebe zu ihm (vgl. Joh. 14, 21).

Jesus hat seine Liebe und Freundschaft zu uns bewiesen, indem er seinen Teil unseres Bundes mit ihm schon erfüllte und sein Leben für uns gab (vgl. Joh. 15, 13). Auch uns zieht Jesus ins Vertrauen, indem er uns alles mitteilt, was auf dem Vaterherzen Gottes brennt (vgl. Joh. 15, 15).

Übereinstimmend mit den einführenden Gedanken können wir aus diesen biblischen Wahrheiten lernen, dass Gehorsam eine Grundvoraussetzung für Freundschaft ist. Gehorsam ermöglicht uns Freundschaft mit Gott. Gehorsam gegenüber Gottes Wort ermöglicht uns aber auch eine Vertrauensbasis in unseren menschlichen Freundschaften. Diese trägt sie durch alle Stürme hindurch. Wer uneingeschränkt im Licht lebt und sich und seine Taten jeden Tag wieder aufs Neue von Gott durchleuchten lässt, wird nicht nur Gott zum Freund, sondern wird auch befähigt, ein Freund für Menschen zu sein. Der Gehorsam von Freunden gegenüber Gott bildet einen unerschöpflichen Nährboden.

So macht denn Gott auch keinen Unterschied zwischen der Liebe zu ihm und der Liebe zu den Menschen. Als Jesus nach dem grössten aller Gebote gefragt wurde, antwortete er:

«Du sollst den Herrn, deinen Gott, lieben mit deinem ganzen Herzen und mit deiner ganzen Seele und mit deinem ganzen Verstand.»

Dies nannte er das erste und grösste Gebot. Doch hier stoppte Jesus nicht, sondern stellte dem grössten Gebot direkt ein zweites gleich:

«Du sollst deinen Nächsten lieben wie dich selbst.»
Matthäus 22, 34–40

Die Liebe zu den Menschen macht unsere Liebe zu Gott erst sichtbar. So gilt auch das Umgekehrte: Wer nicht die Menschen liebt, hat auch keine Liebe zu Gott.

«Wenn jemand sagt: Ich liebe Gott, und hasst seinen Bruder, ist er ein Lügner. Denn wer seinen Bruder nicht liebt, den er gesehen hat, kann nicht Gott lieben, den er nicht gesehen hat.»
1. Johannes 4, 20

Für Gott gibt es also keine Trennung zwischen der sichtbaren und der unsichtbaren Welt. Was bedeutet dies nun für Freundschaften?
Wenn Gott die Liebe zu ihm der Liebe zu den Menschen gleichsetzt, können wir nicht Freund-

schaft mit Gott leben, ohne Freundschaften zu den Menschen zu leben. Freundschaften sind unser irdisches Trainingsfeld für unsere Liebe zu Gott. Wenn du dein Herz einem Freund gegenüber öffnen kannst, so wirst du es auch Jesus gegenüber öffnen können. Oder wenn du dich loyal zeigen kannst, auch wenn sich dein Freund vielleicht daneben benommen hat, wie viel mehr kannst du Jesus gegenüber loyal sein, der immer treu ist.

Ich bin überzeugt: Nichts brauchen wir jetzt und in den kommenden von Jesus prophezeiten schwierigen Zeiten so sehr wie Freunde, die leidenschaftlich für Jesus und treu mit uns stehen. In den Sprüchen heisst es:

«Ein Freund liebt zu jeder Zeit, und als Bruder für die Not wird er geboren.»

Sprüche 17, 17

Wenn Freundschaften also nicht vom Himmel fallen, sondern eingeübt werden müssen, ist es jetzt an der Zeit, Abrahams Vorbild zu folgen und alles auf die Karte Gott zu setzen. Dies macht uns frei – und auch frei von uns selbst – in voller Transparenz und unzertrennlicher Treue

Freundschaften mit Männern aufzubauen und zu leben. Denn wahre Freundschaften werden im Licht Gottes kultiviert, sodass wir die uneingeschränkte Freude bedingungsloser Gemeinschaft erleben dürfen. Bildet Gott selbst das Zentrum unserer Freundschaften, so sind offene Ohren, bewahrte Geheimnisse oder angesprochene Fehler nur noch Begleiterscheinungen.

«Wer Reinheit des Herzens liebt, wessen Lippen wohlgefällig reden, dessen Freund ist der König.»

Sprüche 22, 11

Was für ein Privileg ist es, Freunde des einen Königs meine eigenen Freunde nennen zu dürfen.

In tiefer Dankbarkeit und Liebe für meinen Freund Pelle, dessen Treue und Ansporn ich durch nichts in der Welt missen möchte.

Stefan

Tiefe

Nun möchte ich zu einem der treuesten Menschen kommen, den ich kenne. Simon habe ich in meinem Leben sehr, sehr viel zu verdanken. Nachdem ich mir in Wolfsburg meine Einsamkeit endlich eingestehen konnte, trat Simon allmählich in mein Leben.

Stefan kannte ich zwar schon ganz gut und war mit ihm auch öfters unterwegs, richtige Freunde waren wir zu diesem Zeitpunkt jedoch noch nicht. Erst nach unserem Rivalitätskampf verbanden sich unsere Herzen mehr und mehr auf eine tiefe Art und Weise. Sandro, mein geistlicher Vater, war immer noch einer meiner besten Freunde. Wir trafen uns aber recht selten. Und Manuel war in Basel am Studieren.

In dieser Zeit schrie ich regelrecht zu Gott, dass er mir wieder echte Freunde geben solle. Es war in dieser Phase meines Lebens, als ich erkannte, dass echte und geistlich belebte Freundschaften nicht vom Himmel fallen. Sie sind ein Geschenk Gottes, was uns natürlich nicht davon abhalten soll, unseren Anteil beizutragen. Genügend Zeit, das gemeinsame Gebet, gemeinsame Erlebnisse und ähnliche Interessen helfen, eine Beziehung aufzubauen. Ich weiss nicht genau ,was es ist, aber es scheint von Gott geschenkt zu werden. Es hat bestimmt mit Vertrauen und einem offenen Herzen zu tun. Bei David und Jonathan wird es folgendermassen beschrieben. Diese Bibelstelle befindet sich direkt nach dem Kampf gegen Goliath:

> *«Und es geschah, als er aufgehört hatte, mit Saul zu reden, verband sich die Seele Jonathans mit der Seele Davids, und Jonathan gewann ihn lieb wie seine eigene Seele.»*
>
> 1. Samuel 18, 1

Es ist, als ob sich etwas verbinden würde, manche bezeichnen zum Beispiel einige ihrer Freunde als Brüder.

> *«Mir ist weh um dich, mein Bruder Jonathan! Über alles lieb, warst du mir. Wunderbar war mir deine Liebe, mehr als Frauenliebe.»*
>
> 2. Samuel 1, 26

Für mich ist ein echter Freund jemand, bei dem etwas von dieser Chemie vorhanden ist. Ich warte ziemlich lange, bis ich jemanden einen echten

Freund nenne. Es gehört für mich mehr dazu als nur einige Stunden eine gute Zeit zusammen gehabt zu haben. Nachdem David Goliath besiegt hatte und sich mit Jonathan befreundete, zog dieser sein Oberkleid aus und gab es David. Auch seinen Waffenrock, seinen Gürtel, seinen Bogen und sogar das kostbare Schwert überreichte Jonathan David ohne weitere Bedingungen. Der Wert dieser Gegenstände ist für uns heute nur noch schwer zu erahnen. Überlege dir einmal, in welchem Licht der Sohn des Königs dastand, nachdem er all diese Prestigeobjekte seinem Freund übergeben hatte. Er besass kaum noch etwas, was seine Stellung als Königssohn erkennen liess. Allenfalls hatte er noch einen Ring, aber das königliche Schwert, Gewand, Waffenrock, Gürtel … alles war weg! In diesem Moment war auch die Bewunderung und Ehre, welche er durch diese eigens für ihn gefertigten Objekte erntete, vorüber. David war nun der Held. Er wurde bewundert und geehrt. Ist es nicht so, dass wir manchmal unsere liebsten Sachen unseren Freunden geben sollten? Ich finde die Hingabe Jonathans bewundernswert. Ich verstehe das Wehklagen Davids um den Tod seines besten Freundes. Er hatte Jonathan von Herzen lieb.

Für ihn war er bereit alles zu geben. Mich fordert die Beziehung dieser beiden heraus.

Simon kam für lange Zeit meinem Jonathan am nächsten. Sein Bruder Andi schleppte ihn zu einem Jugendgottesdienst, bei dem ich predigte. Vom Heiligen Geist überführt und unter Tränen, machte er Schritte auf Gott zu. Zu Beginn begleitete ich ihn nur jüngerschaftlich. Simon tat von ganzem Herzen Busse, wodurch er von erheblichem Ballast befreit wurde. Es folgten eine mächtige Erfüllung mit dem Heiligen Geist und die Wassertaufe im Rhein. Um ehrlich zu sein, war Simon nicht der einfachste Jünger in dieser Zeit. Immer wieder hinterfragte er alles und hatte Glaubenskrisen. Manchmal wusste ich wirklich nicht mehr, was ich tun sollte. Ich versuchte trotz all seiner Zweifel, ihn weiterhin zu treffen und offen und ehrlich zu sein. Ich war ziemlich streng mit ihm, was ich übrigens mit all meinen geistlichen Söhnen bin. Ehrlich gesagt, erstaunte es mich, dass er mich trotz allem noch sehen wollte. Mit der Zeit errang er jedoch Sieg um Sieg und das Fundament unter seinen Füssen festigte sich. Die meisten Christen fand er unausstehlich und auch für die Teilnahme an den Jugendanlässen musste er besonders ermutigt werden. Aber er wuchs immer mehr im Glauben.

Einen Abend mit ihm werde ich nicht mehr vergessen: Simon fragte mich plötzlich, wann ich endlich etwas von meinem Inneren preisgeben würde. Er forderte mich richtiggehend heraus, ihn tiefer in mein Leben hinein schauen zu lassen. Meine spontane Antwort war, warum er dies wolle? Zu meinem Erstaunen erklärte er mir, dass wir doch Freunde seien und dass dies ein Teil davon sei. Ich war perplex. Für mich war die Beziehung zu Simon eine jüngerschaftliche und keine freundschaftliche, wenn ich das an dieser Stelle ausnahmsweise trennen darf. Seiner Aufforderung nachzukommen, fiel mir nicht leicht. Zu einem gewissen Grad öffne ich mein Herz schnell und gerne, aber mir in die Seele schauen zu lassen, war dann doch eine andere Stufe.

Simon beharrte auf seinem Standpunkt, dass wir mittlerweile Freunde seien. Ich versprach ihm auf unser nächstes Treffen eine Antwort und so trennten wir uns an dem Abend. Wie meine Entscheidung ausfallen würde, war mir noch nicht klar. Simon ist hochbegabt, offen und in-

teressiert und trotzdem war er irgendwie nicht die Sorte von Mensch, mit dem ich mir eine Freundschaft vorstellen konnte. Gottes Antwort auf mein Gebet hatte ich mir etwas anders vorgestellt. Mit seinem ewigen Hinterfragen war er nicht der Einfachste und ausserdem war er zu dieser Zeit eher schweigsam. Seine Interessen galten Extremsportarten und dem Handwerk. Alles Dinge, die mir damals entweder zuwider waren oder an denen ich einfach kein Interesse hatte. Ich brauchte eine Antwort auf seine Frage und die fiel mir nicht leicht. War er die Antwort von Gott? Sollte ich ihm mein Herz weiter öffnen? Bei unserem nächsten Treffen sagte ich ja dazu. Wie Gott meinen eigenen geistlichen Sohn zu einem echten Freund werden liess, ist für mich heute noch ein Wunder. Nach meiner Entscheidung war mir klar, dass nun Taten folgen mussten. Für die nächsten Jahre trafen wir uns jede Woche zum Austausch und Gebet. Mit Simon kann man richtig intensiv beten. Wir durchstreiften die Wälder bei jeder Witterung. Wir haben so manche geistliche Schlacht zusammen geschlagen. Oft waren unsere Gebetszeiten laut und heftig. Eine unserer Spezialitäten war das gemeinsame Jauchzen.

Simon
lebt mit seiner Familie in Diessenhofen.
Mit seiner Firma baut er wohl einige der grössten
und kompliziertesten Messebauten dieser Welt.
Simon ist ein Toporganisatior, welcher zugleich eine
kreative Ader hat. Er ist einfach ein Supertyp.

«Wohl dem Volk, das jauchzen kann!
HERR, sie werden im
Licht deines Antlitzes wandeln.»

Psalm 89, 16

Danach erhoben wir unsere Stimmen zu einem richtig schweizerischen Jauchzen. Manchmal hatten wir Streit, dann schlug Metall auf Metall. Nicht selten waren wir natürlich völlig entgegengesetzter Meinung und dazu noch stur. In all dem gewannen wir uns von Herzen lieb. Einige der schönsten Reisen nahmen wir gemeinsam unter die Füsse. In stundenlangen Autofahrten analysierten wir alle möglichen Dinge. Die Gespräche mit Simon waren meist sehr tiefgründig. Sinnloses Gerede mochten wir beide nicht. Und immer, immer wieder, erlebten wir herrliche Zeiten mit Gott. Wir spornten uns gegenseitig an, alles für Jesus hinzugeben. Es war Simon, der mich herausforderte, in meinem verplanten Alltag einen Gang zurückzuschalten; nicht immer irgendwelchen Projekten und Aufgaben nachzurennen, sondern einfach zu sein: Ein Feuer in der Natur geniessen, Freundschaften pflegen, entspannen. Heute bin eher ich es, der ihn zum Sein und Entspannen auffordert.

Die Zeiten mit Simon waren echt spannend, ich wünschte, wir würden näher beieinander wohnen. Simon ist einfach treu. Er hält sein Wort und ich weiss, auch wenn wir uns heute aus geographischen und beruflichen Gründen nur noch wenig sehen, sind wir immer noch Freunde. Als er im Militär war, weckte mich Gott oft mitten in der Nacht, um für ihn zu beten, dass er seine militärische Karriere nicht weiter verfolgen müsse. Auch in anderen schwierigen Zeiten betete ich für ihn. Es war, als ob ich in solchen Zeiten mein Schwert an ihn abgeben würde. Auch heute kommt es manchmal vor, dass mich Gott plötzlich in meine Kammer zieht, um für ihn in der Fürbitte einzustehen. Gründe sind mir nicht immer bekannt. Für solche Fürbitte eignet sich das Sprachengebet hervorragend. Erst kürzlich schenkte er mir ein neues Auto meiner Wahl. Ich konnte es kaum glauben. Ich wusste, er überreichte mir sein Schwert und seinen Waffenrock. Damals auf seine Frage mit Ja zu antworten war richtig. Auch die während der Jahre andauernden wöchentlichen Treffen waren keine Zeitverschwendung, auch wenn die Kosten- Nutzenrechnung nicht gemacht werden kann. Ich hüte mich heute davor, solche Berechnungen in Bezug auf Freundschaften anzustellen, denn sie

zerstören und verletzen. Die Schwerpunkte in der Freundschaft mit Simon sind das Gebet, gemeinsame Unternehmungen und stundenlanges Reden.

So wie es verschiedene Phasen im Leben gibt, gibt es auch verschiedene Phasen in Freundschaften. Es muss nicht sein, dass die gegenwärtigen Freundschaften in fünf Jahren noch intensiv gepflegt werden. Freunde bleiben Freunde, aber die Intensität ändert sich. Aus Geranien-Freunden, die viel Wasser brauchen, um zu blühen, werden Kakteen-Freunde, die mit weniger Flüssigkeit auskommen. Mein Gebet und Wunsch ist es, immer mindestens einen blühenden Geranien-Freund zu haben.

Diesen Messestand hat Simon als Projektleiter gebaut.

Leidenschaft

Das gemeinsame Gebet mit Pelle hat mich definitiv stark geprägt. Auf wöchentlichen Spaziergängen im Wald wurde Pelle zu einem Freund, und mein Gebetsleben zu einer noch tieferen Quelle. Oder zu einem Schwert. Oder Pflug. Oder Fluss. Oder Feuer. Auf jeden Fall wurde es um einiges lebendiger und kraftvoller, als ich es kannte. Manchmal (oft) laut und leidenschaftlich.

Kein Wunder, sind wir nie einem Reh begegnet. Dafür vielen Gebetserhörungen und Berührungen mit Gottes Geist. Danke Pelle für all die unbezahlbaren Lektionen mit dir! Auf den nächsten Doppelseiten ein kleiner Einblick in die Anfangszeit unserer Prayerwalks.

Matthias

Matthias
lebt mit seiner Familie in Luzern und ist ein sehr erfolgreicher Illustrator. www.mattiasleutwyler.ch

Mit Matti zusammen Gott anzubeten, ist eine wahre Freude. Er hat ein grosses Herz und findet immer die richtigen Worte zur richtigen Situation.

Danke Matti für den kreativen Comic. Einfach treffend!

Beten...
...und die Welt sieht
plötzlich ganz anders aus.

Auswirkungen

An dieser Stelle möchte ich Benedikt zu Wort kommen lassen. Benedikt ist ein junger und leidenschaftlicher Mann aus Deutschland, welchen ich jüngerschaftlich begleite. Als ich während meiner Sabbatzeit ein halbes Jahr in den USA verbrachte, hat er mich für ein paar Monate begleitet. Unter anderem haben wir viel zusammen gebetet und Bibelstudien gemacht. Es war auf meinem Herzen, ihn für das regelmässige und leidenschaftliche Gebet zu begeistern. Von seiner Seite her habe ich vieles über Sport und meinen Körper gelernt. Fast täglich hat er mich nach dem Aufstehen in verschiedenen Übungen angeleitet. Das war intensiv, aber gut.

Benedikt:
Nachdem ich Pelle kennen gelernt habe, machte mir Gott deutlich, dass ich mich an seine Fersen hängen soll. Das mündete in einer Jüngerschaftsbeziehung, einem intensiven Eins zu eins über mehrere Monate. In dieser Zeit ist das Thema Gebet und Fürbitte für mich stark in den Vordergrund gerückt.

Bis dato hatte ich ein eigenes und situatives Gebetsleben. Das bedeutet, dass ich viel für mich alleine gebetet habe. Laut oder leise, in meinem Zimmer, auf der Arbeit oder im Wald. Meist entstanden diese Gebetszeiten aus einem Anliegen heraus, das mir gerade auf dem Herzen lag. Eine echte Regelmäßigkeit hatte mein Gebetsleben aber nicht.

Mit Beginn der Beziehung zu Pelle stand der abendliche Gebetsmarsch fast täglich auf dem Programm. Wir fanden hierfür immer einen genialen Ort, draußen in der Natur, meist mit der Möglichkeit, die untergehende Sonne und das Naturschauspiel drum herum zu bestaunen.

Der eigentlichen Gebetszeit ging jeweils ein Austausch voraus, was die Geschehnisse des Tages betraf und die konkreten Gebetsanliegen. So traten wir in Jesu Namen und geleitet und in der Kraft des heiligen Geistes vor unseren Schöpfer, Herrn und himmlischen Vater. Mit Bitten, Flehen und Danken brachten wir Freunde, Gläubige und noch nicht Gläubige sowie Situationen, in denen wir uns befanden oder Menschen um uns herum vor den Thron Gottes. Dabei gab es keine Schweigepausen. Wenn einer in deutscher Sprache am Beten war, unterstützte der andere

Benedikt
investiert sich in junge Männer und möchte
eine Bewegung unter jungen Menschen sehen.
Er liebt Sport über alles.
Bene und ich in einer Sport-Bar in Nordkalifornien.

ihn und sein Gebet mit Sprachengebet. Ich lernte mit Gewicht zu beten, das heißt mit Kraft und Betonung in der Stimme und männlicher Leidenschaft. Der Heilige Geist führte uns mit prophetischen Eindrücken, wofür und wie wir beten sollten.

Ich bin durch diese Zeit in eine starke Abhängigkeit zum Gebet gelangt. Mein Glaube ist gewachsen. Glaube an Gott und daran, dass er Dinge tut, wenn wir im Glauben zu ihm rufen. Und zum Ende unserer gemeinsamen Zeit ist ein «Gebetsgeist» über mich gekommen, so dass meine Gebete nicht mehr verstandorientiert und vernunftgesteuert, sondern wirklich geleitet und geführt vom Heiligen Geist waren.

Die Gebetsfreundschaft zu Pelle hat nachhaltig etwas in meinem Glaubensleben verändert. Ich bin sehr froh und absolut dankbar dafür. Das Ganze basiert auf drei einfachen Komponenten: zwei Männer, das Gebet und ER, von dem alles ist und zu dem alles hin geschaffen ist.

«Timotheus, mein lieber Sohn:
Lass dir durch die Gnade, die uns in Jesus Christus geschenkt ist, alle Kraft geben, die du für deine Aufgaben brauchst.
Gib die Botschaft, die du von mir gehört hast und deren Wahrheit dir von vielen Zeugen bestätigt wurde, an vertrauenswürdige und zuverlässige Menschen weiter, die ebenfalls fähig sind, andere zu lehren.
Und sei als ein guter Soldat Jesu Christi bereit, zusammen mit mir für das Evangelium zu leiden.
Kein Soldat, der in den Krieg zieht, lässt sich durch die Dinge des täglichen Lebens von seinen Aufgaben ablenken; schließlich möchte er, dass der, der ihn angeworben hat, mit ihm zufrieden ist.
Kein Sportler, der an einem Wettkampf teilnimmt, kann den Siegeskranz bekommen, wenn er nicht den Regeln entsprechend kämpft.»

2. Timotheus 2, 1–5

Ermutigung

Gott hat auch Freunde und Gebetsfreundschaften für dich bereit. Bitte ihn immer wieder um blühende Geranien-Freunde. Sie werden dein Leben bereichern und deine Welt verändern. Gerade uns Männern fällt es oft schwer, Beziehungen zu leben. Meist sind wir zielorientiert und alles, was wir tun, muss einen sichtbaren Nutzen haben. Gott ist ein Gott der Beziehungen. In seiner Dreifaltigkeit macht er sich bewusst gegenseitig abhängig und lebt in ständiger Freundschaft. Wir sind nach seinem Ebenbild geschaffen, warum sollten wir Einzelkämpfer sein? Das würde nicht seiner Grundüberzeugung entsprechen. Es dauert oft Jahre, bis echte Freundschaften entstehen. Sie müssen gepflegt und mit viel Zeit begossen sein. Laufe nicht bei der ersten Auseinandersetzung davon. Mit all meinen Freunden hatte ich heftige Streitereien. Manchmal dauerte es Wochen und Monate, bis wir uns richtig versöhnen konnten. Es waren meine Freunde, welche mich am tiefsten verletzt haben. Das klingt komisch, ist aber wahr. Doch Jesus befähigte mich immer wieder, zu vergeben und neu zu vertrauen. Nach Zeiten der Auseinandersetzung und Versöhnung wurden die Beziehungen meist noch tiefer. Auch ich habe mit meinem aufbrausenden Naturell meine Freunde schon so manches Mal verletzt, musste um Verzeihung bitten und demütig werden. Plane bewusst Zeit für Freundschaft in deinem Terminkalender ein. Bitte Gott immer wieder um seinen Segen und sei nicht verzweifelt, wenn du nicht schon übermorgen einen guten Freund hast. Denn wie schon gesagt, damit echte Freundschaften entstehen können, braucht es viel Zeit, gemeinsame Erlebnisse und den Segen Gottes. Plane bewusst Gebetszeiten mit deinen Freunden ein, das gibt der ganzen Sache eine ganz andere Dimension. Gott hat durch seine Freundschaft mit uns die Welt verändert, verändere du deine Welt durch Freundschaft mit ihm und deinen Freunden.

Und nun, nimm einen Freund und probiere das auf den folgenden Seiten beschriebene Werkzeug ‹Power-Prayer› aus. Viel Spass!

Power-Prayer
ein Werkzeug

Power-Prayer ist eine Anleitung, wie du die Gebetszeiten mit einem deiner Freunde gestalten könntest. Es beinhaltet verschiedene Punkte, welche sich aus meiner Erfahrung heraus entwickelt haben. Vielleicht ist Power-Prayer nur in einer ersten Phase wichtig und du entwickelst mit deinem Gebetsfreund noch ganz andere Formen und Schwerpunkte in euren Gebetszeiten. Dies würde mich sehr begeistern. Das wichtigste ist, dass ihr Freude daran findet zusammen zu beten.

Fixiere einen festen Tag und eine feste Zeit, an welcher ihr euch zum Gebet trefft. Falls kein fixer Tag möglich ist, tragt andere Termine in eure Agenda ein, so dass ihr euch regelmässig treffen könnt.

1. Warm up

(10-20 Minuten) Dies ist der Zeitabschnitt, in welchem ihr über den Tag, die Woche und Erlebnisse austauscht. Es besteht die Gefahr, dass man vor lauter Reden nicht mehr zum Beten kommt, daher fixiert ihr am besten eine klar definierte Zeit. Wenn ihr z.B. immer auf demselben Weg geht, kann man auch einen bestimmten Baum, eine Kreuzung oder sonstiges Merkmal bestimmen, an welchem man anfängt zu beten.

2. Fokussieren

(*5 Minuten*) Besprecht kurz die Gebetsanliegen. Auch Gebetserhörungen sollen unbedingt erwähnt werden. Meine Freunde und ich haben oft über mehrere Wochen für die gleichen Personen, Situationen oder Umstände gebetet. Auch diese regelmässigen Gebetsanliegen sollen in der Fokussierung kurz erwähnt werden. Haltet diese Zeit bewusst kurz. Wenn sie länger als fünf Minuten dauert ... na ja, ist das wohl eher zu lange.

3. Beten

(*20–30 Minuten*) Nun fangt ihr an zu beten. Kürzere Gebete helfen oft, im Gebetsfluss zu bleiben. Wenn eine Partei zu lange betet, darf sie ruhig auch mal mit einem Stoppzeichen unterbrochen werden. Betet parallel laut in neuen Sprachen, das aktiviert den Heiligen Geist in dir. Das ist zu Beginn eventuell etwas gewöhnungsbedürftig, wird sich aber schon bald als grosser Segen erweisen. Bete mit Gewicht in der Stimme, es darf ruhig auch mal laut werden. Bittet um konkrete Dinge, widersteht dem Teufel und gebt reichlich Dank. Oft habe ich auch eine kleine Bibel dabei, damit ich gewisse Verse proklamieren kann. Vergiss nicht: Beten lernt man beim Beten.

4. Jauchzen

(*1 Minute*) Falls es die Umgebung erlaubt, baue irgendwo eine Zeit des Jauchzens ein. Falls ihr in einem Quartier betet, würde ich dies natürlich nicht empfehlen. Das Jauchzen bringt euch nochmals auf eine ganz andere geistliche Ebene. Es öffnet den Himmel und setzt Gottes Handeln frei. Sei mutig mal richtig inbrünstig über Situationen oder Personen zu jauchzen.

5. Gemeinschaft

Falls es die Zeit und Umstände erlauben, redet noch etwas zusammen, geht etwas essen oder trinkt ein Glas Wein zusammen. Besonders die Gespräche nach den Gebetszeiten empfand ich oft als nochmals tiefer und echter. Freundschaft zu bauen braucht viel Zeit.

6. Organisation

Organisation: Klärt vor dem Auseinandergehen kurz ab, ob die nächsten Termine stehen, ob Ort und Zeitpunkt noch aktuell sind. Es klingt simpel, aber es ist ein wichtiger Punkt.

«Jesus wollte seinen Jüngern zeigen, dass sie unablässig beten sollten, ohne sich entmutigen zu lassen. Deshalb erzählte er ihnen folgendes Gleichnis: In einer Stadt lebte ein Richter, der fragte nicht nach Gott und nahm auf keinen Menschen Rücksicht. In der gleichen Stadt lebte auch eine Witwe. Sie kam immer wieder zu dem Richter und bat ihn: ‹Verhilf mir in der Auseinandersetzung mit meinem Gegner zu meinem Recht!› Lange Zeit wollte der Richter nicht darauf eingehen, doch dann sagte er sich: ‹Ich fürchte Gott zwar nicht, und was die Menschen denken, ist mir gleichgültig; aber diese Witwe wird mir so lästig, dass ich ihr zu ihrem Recht verhelfen will. Sonst bringt sie mich mit ihrem ständigen Kommen noch zur Verzweiflung.› Der Herr fuhr fort: Habt ihr darauf geachtet, was dieser Richter sagt, dem es überhaupt nicht um Gerechtigkeit geht? Sollte da Gott nicht erst recht dafür sorgen, dass seine Auserwählten, die Tag und Nacht zu ihm rufen, zu ihrem Recht kommen? Und wird er sie etwa warten lassen? Ich sage euch: Er wird dafür sorgen, dass sie schnell zu ihrem Recht kommen. Aber wird der Menschensohn, wenn er kommt, auf der Erde solch einen Glauben finden?»

Lukas 18, 1–8

Bleibt dran!